Chapeuzinho Vermelho

Chapeuzinho Vermelho
Joël Pommerat

tradução de
Giovana Soar

© Moinhos, 2018.
Le Petit Chaperon rouge © ACTES SUD/Théâthre de Sartrouville - CDN, 2005.

"cet ouvrage, publié dans le cadre du Programme d'Aide à la Publication année 2018 Carlos Drummond de Andrade de l'Institut Français du Brésil, bénéficie du soutien du Ministère de l'Europe et des Affaires étrangères."
"este livro, publicado no âmbito do Programa de Apoio à Publicação ano 2018 Carlos Drummond de Andrade do Instituto Francês do Brasil, contou com o apoio do Ministério francês da Europa e das Relações Exteriores."

Edição: Camila Araujo & Nathan Matos

Assistente Editorial: Sérgio Ricardo

Revisão: LiteraturaBr Editorial

Diagramação e Projeto Gráfico: LiteraturaBr Editorial

Ilustração da Capa: Jéssica Barbosa

Capa: Editora Moinhos

1ª edição, Belo Horizonte, 2018.

Dados Internacionais de Catalogação na Publicação (CIP) de acordo com ISBD

P787c
Chapeuzinho Vermelho/Joël Pommerat ; traduzido por Giovana Soar.
Belo Horizonte, MG : Moinhos, 2018.
52 p.
ISBN: 978-85-45557-57-9
1. Literatura infantil. 2. Teatro francês. 3. Pomerrat, Joël. I. Soar, Giovana. II. Título.

2018-1535   CDD 028.5
                                  CDU 82-93

Elaborado por Vagner Rodolfo da Silva — CRB-8/9410

Índice para catálogo sistemático:
Literatura infantil 028.5
Literatura infantil 82-93

Todos os direitos desta edição reservados à Editora Moinhos
editoramoinhos.com.br | contato@editoramoinhos.com.br

Para Agathe

O Chapeuzinho Vermelho, com direção de Joël Pommerat,
foi montado em junho de 2004, no Espaço Jules-Verne em Bretigny-sur-Orge,
com Lionel Codino, Saadi Bentaïeb e Florence Perrin.
Retomado em janeiro de 2005, na Cena Nacional d'Evreux-Louviers,
com Loudovic Moliére, Valérie Vinci e Florence Perrin.

PERSONAGENS

A Menina

O Homem que conta

A Avó

A Mãe

O Lobo

A Sombra

O Homem Que Conta

Era uma vez uma menina que estava proibida de sair de
casa sozinha
ou somente em raríssimas ocasiões
então
ela se entediava
porque ela não tinha nem irmão nem irmã
somente sua mãe
que ela amava muito
mas isso não bastava.

Então ela brincava
ela brincava
ela brincava
sozinha
muito sozinha.

Ela queria brincar mais com a sua mãe.
Mas sua mãe não tinha muito tempo para brincar
com ela.
Sua mãe sempre dizia: não tenho tempo.
Não tenho tempo suficiente.
Eu não tenho tempo para brincar com você.
Um dia a menina quis dar um presente
bem útil para sua mãe
lhe dar tempo
ela lhe disse:
olha eu estou dando tempo pra você, mamãe
mas a sua mãe nem percebeu o presente que a sua filha
havia lhe dado e tudo ficou como antes.

Às vezes, a menina tentava muitas maneiras para chamar
a atenção, mas a mãe da menina estava sempre tão
ocupada que ela nem reparava mais na sua filha.
A menina via a sua mãe,
mas sua mãe não via mais sua filha.
Era como se a menina tivesse se tornado invisível.
Felizmente, não eram todos os dias assim.
Alguns dias a mãe conseguia tempo para brincar com ela
um pouquinho.
A brincadeira preferida da menina era quando sua mãe
brincava de lhe assustar.
Era nos dias em que a mãe tinha um pouco de tempo e
estava de bom humor.
A mãe brincava de fazer um monstro terrível.
Ela fazia isso tão bem que a menina acabava implorando
para que a mãe parasse.
Não faça mais, dizia a menina para a sua mãe.
Mas um minuto depois ela pedia de novo, então a mãe
recomeçava
e a menina pedia novamente para ela parar.
Às vezes ela até gritava
de tanto que ela ficava com medo
medo da sua mãe que fazia o monstro, o monstro terrível.
A menina não gostava de sentir medo.
A menina achava a sua mãe muito bonita, mesmo
quando ela se transformava em monstro.

Normalmente a menina ficava em casa
na sua casa muito pequena.
Às vezes os vizinhos passavam na frente e ela ficava
olhando
às vezes chovia às vezes fazia sol.

Às vezes ela ia pra escola que ficava ao lado da sua casa
às vezes vinham mendigos pedir dinheiro para sua mãe
na frente da sua casa
às vezes vinham outras crianças na frente da sua casa
às vezes ela brincava com as outras crianças
às vezes ela também se divertia
mas às vezes... ela se entediava muito.
Às vezes também a menina tinha medo por sua mãe
quando sua mãe saía sozinha para longe sabe lá para
onde
e ela tinha que cuidar sozinha da casa
cuidar dela também se cuidar sozinha dela mesma
também.
Se acontecesse alguma coisa à sua mãe na estrada, ela
não poderia avisá-la
e aí a gente não sabe o que aconteceria.
Não, a gente não sabe.
A gente não sabe o que aconteceria com sua mãe e
também com ela.

A mãe da menina também tinha uma mãe
que morava numa outra casa bem longe no campo
parece que a mãe da mãe da menina se parecia muito
com a mãe da Menina,
mas mais velha
e com certeza com mais idade
porque a mãe da mãe da menina era realmente
uma mulher muito velha
a menina não achava que as duas fossem tão parecidas na
verdade.

Quando a mãe da menina ia ver sua mãe
elas não se falavam muito
porque a mãe da mãe da menina estava muito cansada
desde quando ela ficou doente.

Elas não se falavam, mas elas gostavam muito de ficar
juntas
e não dizer nada.
Apenas ficar sentadas
em silêncio
porque a mãe da mãe da menina estava muito cansada por
causa da idade.
Ela dizia que até mesmo ouvir lhe deixava cansada
ela também dizia: não é divertido
não, respondia a mãe da menina.

A menina queria ir mais vezes ver sua avó, a mãe da sua
mãe, porque quando elas estavam juntas a menina gostava
muito de lhe fazer perguntas sobre a sua mãe de quando
sua mãe era uma menina como ela.
Mas como a mãe da sua mãe estava muito cansada por
causa da idade
nem sempre ela respondia
às vezes ela respondia
mas nem sempre.

A menina sempre pensava na mãe da sua mãe
ela esperava tanto que ela sempre pedia pra sua mãe se era
hoje
o dia de visitar a vovó
ela gostava bastante de visitá-la
ela gostaria muito de ir visitá-la hoje, ela dizia.

Mas a mãe da menina respondia praticamente sempre não.
Hoje não é o dia, ela dizia.
A menina insistia, insistia muito.
Sua mãe respondia que hoje ela realmente não tinha
tempo para ir.
Ela não tinha tempo para levar sua filha hoje porque a
casa da mãe da mãe da menina era realmente
muito longe
tinha que andar muito
e era realmente longe para levá-la hoje.
A menina respondeu: mas eu posso ir sozinha!
Mas por que eu não posso ir sozinha?
Eu posso ir sozinha na casa da minha avó, afinal de
contas eu já estou grande.
A mãe dela ria porque ela achava que a menina ainda
não era nem um pouco grande
ao contrário ela era bem pequena sim realmente
pequena.
Ela dizia: tem que andar quase uma hora pela estrada
e depois tem que passar pela floresta
e na floresta tem bichos, dizia a mãe da menina
muitos bichos feios que vão te dar medo
se eles virem você passar sozinha pela estrada
porque eles vão ver você
o que você faria?
Eu não ia ficar com medo, respondia a menina tremendo
um pouco.
Você não ia ficar com medo dos bichos que estão na
floresta?
Não, ela dizia.
Você não ia ficar com medo dos bichos que estão na
floresta? Repetia a mãe.

Não, repetia de novo a menina.
Mas eles vão comer você, dizia a mãe.
Não é verdade, dizia a menina.
Você não acredita que os bichos vão querer comer você?
E a mãe da menina fazia de novo o monstro terrível que
ela sabia fazer tão bem
e o monstro terrível que a mãe fazia acabava sempre
comendo a menina.

Normalmente quando a menina se entediava ela se
perguntava se ela realmente no dia ia ter medo
quando ela encontrasse o seu primeiro monstro terrível
de verdade.

Para ocupar um pouco sua filha que se entediava e que
sempre queria ir visitar sua avó
a mãe da menina disse um dia para ela: faça então para a
sua avó um bolo ou uma torta ou até mesmo um pudim
e quando você terminar e se você conseguir e ele estiver
bom de verdade eu vou te deixar ir visitar a vovó sozinha
para levar o bolo, mas só depois disso.
A mãe da menina não corria nenhum risco de ver sua
filha sair sozinha porque a menina não sabia cozinhar
nada.

Um dia a menina tentou fazer uma torta.
Num outro dia um bolo.
Num outro dia ainda um pudim.
Mas nunca dava certo
e isso acabava chateando a mãe da menina porque a sua
cozinha estava cada vez mais suja.
E então um dia

enquanto a sua mãe não estava lá a menina conseguiu
fazer um pudim não se sabe muito bem como
e quando sua mãe chegou ela viu a menina em pé ao
lado da mesa
com seu pudim
um pudim bem mole
que transbordava um pouco do prato, mas que parecia
realmente ter dado certo.
A mãe da menina ficou bem encrencada.

Então ela disse: amanhã se você quiser e se você tomar
muito cuidado na estrada
você pode levar seu pudim que você acabou de fazer
para sua avó
é verdade que ela vai ficar feliz de ver você porque ela
sempre fica triste por estar sozinha
além de estar velha.

Mas você vai ter que tomar muito cuidado, diz
novamente a mãe
tomar muito cuidado.

Sim, repetiu várias vezes a menina, sim.

No dia seguinte de manhã
com seu pudim que tinha sido embalado por sua mãe
a menina
estava pronta para ir à casa da sua avó
ir sozinha
fazer todo o caminho sozinha até chegar à casa da sua
avó
sim

porque havia chegado o dia finalmente
enfim o dia de
pegar a estrada
para ir até a casa da sua avó o dia havia chegado.

No caminho
a menina ouvia o barulho dos seus passos ressoar na
estrada.

E ela via a casa da sua mãe e sua mãe bem longe
ficarem cada vez menores.

Agora ela estava sozinha na estrada
e ela ouvia o barulho dos seus passos.

Havia apenas a sua sombra ao seu lado
sua sombra
com quem ela podia se sentir um pouco em segurança.
Uma sombra bem bonita que parecia por sorte um
pouquinho com a sua mãe.
Esta sombra era uma sombra bem bonita
que a acalmava porque evidentemente ela era um pouco
maior do que ela.
O único problema é que esta sombra só podia ser vista
quando o sol conseguia passar através das grandes
árvores.
Quando as árvores não deixavam passar o sol, então a
sombra desaparecia e ela ficava sozinha.

A menina quando a sua casa desapareceu completamente
começou a se perguntar se ela tinha feito a coisa certa de
sair assim sozinha

ela até se perguntou se no fundo ela não estava com
vontade de voltar agora mesmo para casa.
Ela pensou na sua mãe.
Ela se perguntava o que será que sua mãe estava fazendo
enquanto esperava por ela
e se ela já não estava esquecendo da sua filha.
De repente ela teve vontade de chorar...
e depois ela pensou na sua avó
para quem ela ia fazer uma grande surpresa e isso lhe deu
novamente vontade de continuar.
Então ela ficou pensando bastante na sua avó.
Ela pensou que a sua avó ia ficar tão espantada em vê-
la, que ela ia achar sem dúvida ela muito corajosa de ter
feito assim o caminho sozinha, que ela ia achar que ela
era uma menina grande, talvez até já um pouco mulher e
isto lhe deu realmente vontade de continuar.

Ela se abaixou para pegar um morango e comê-lo
tomando muito cuidado para não virar o pudim que
estava bem mole
e viu um esquilo e de repente ela se sentiu muito feliz por
estar na estrada.

Ela também reparou que sua sombra tinha voltado
ela não precisava mais se acalmar porque seu medo
Tinha sumido, mas ela estava contente
mesmo assim de estar acompanhada.

Você vai ficar comigo durante todo o caminho?
Comigo? Disse a menina

Eu não sei, disse a sombra, se você for na floresta
embaixo das grandes árvores onde está escuro quase
como a noite aí eu não poderei acompanhar você.

Então eu não vou embaixo das grandes árvores, disse a
menina, assim nós ficaremos juntas
até a casa da minha avó.

E elas continuaram avançando pela estrada
e continuaram conversando entre elas como se
elas se conhecessem desde sempre.

A menina teve a impressão que esta sombra estava
querendo brincar com ela.
Para brincar, ela começou tentando surpreendê-la.
Com movimentos cada vez mais inesperados, mas esta
sombra não era realmente nada fácil de surpreender.
Muito rapidamente foi a sombra que surpreendeu a
menina. E no final foi a menina que pediu para a sombra
parar de brincar, de tanto que ela havia ficado cansada
com a brincadeira.

Esta sombra era realmente muito mais rápida e ágil do
que ela. Ela achou até que ela era realmente pesada em
comparação. Esta sombra era sem dúvida a coisa mais
leve que ela já havia conhecido.

Sem se dar conta, a menina foi avançando para debaixo
das árvores, e no lugar da sombra ela via apenas os
pequenos insetos que voavam em volta dela.
Ela também percebeu dois olhos grandes que pareciam
olhar em sua direção.

Ela pensou que ela nunca tinha visto uma coisa assim tão bonita e ela imediatamente teve vontade de se aproximar. Não era uma coisa comum que ela tinha na sua frente. Era realmente uma coisa muito bonita que ela tinha na sua frente.

A menina pensou que ela tinha medo, é verdade, mas que esta coisa não se parecia em nada com os monstros terríveis que ela imaginava encontrar na floresta, como sua mãe havia dito para ela, muito pelo contrário.

Ela se aproximou.
Ela se aproximou mais.
Ela se aproximou mais e mais.
Ela se aproximou mais e mais e mais.

Ela achou que era até agradável sentir um pouquinho de medo de uma coisa que parecia tão de verdade.

Ela começou a falar.
E ela teve a impressão que esta coisa que parecia ser um animal, que parecia, finalmente, um pouco com um lobo de verdade, respondia para ela.

A MENINA
Eu não tenho medo de você.

O LOBO

Eu também não tenho medo.

A MENINA

Eu não sei quem você é.

O Lobo

Eu também não te conheço.

A Menina

Eu não sei quem você é, mas eu não tenho medo.

O Lobo

O que você está fazendo aqui? Você é muito bonita...

A Menina

Você também é muito bonito... eu vou num lugar... na casa da minha avó que é mãe da minha mãe e que é muito velha como são normalmente os velhos hoje em dia.

O Lobo

A gente nunca vê crianças como você virem sozinhas até aqui.

A Menina

Eu acho que eu saí um pouco do meu caminho brincando com a minha sombra e eu vim parar debaixo das grandes árvores sem me dar conta.

O Lobo

A sua sombra ainda está aqui?

A Menina

Não, ela nunca vem debaixo das grandes árvores, eu só tenho um pudim comigo, que eu fiz sozinha para minha avó, a mãe da minha mãe, que mora numa casa perto daqui, eu espero que você não vá querer comê-lo porque eu não fiz ele pra você.

O Lobo

Não tem problema.

A Menina

Eu fiz pensando na minha avó que é a mãe da minha mãe e que está triste agora porque ela fica muito sozinha o dia todo porque ela está doente e porque ela não pode sair.

O Lobo

Você pensa bastante na sua avó?

A Menina

Sim, muito, muito, demais eu acho, isso me deixa triste de saber que ela está muito muito sozinha, é triste ficar muito, muito sozinha na vida.

O Lobo

Você ia ficar contente se eu fosse visitar ela com você?

A Menina

Sim, eu acho, ela está esperando só por mim hoje, mas eu acho que ela também vai ficar contente se você me acompanhar. Você também fica muito sozinho às vezes?

O Lobo

Sim, às vezes.

A Menina

E daí a gente vai poder comer do meu pudim, todos juntos, se você vier. Você está com fome?

O Lobo

É verdade, estou um pouco, não é fácil comer todos os dias coisas que nos dão realmente prazer.

A Menina

Eu como todos os dias coisas que me dão um pouco de prazer.

O Lobo

Você tem sorte.

A Menina

É porque a minha mãe faz comida pra mim todos os dias.

O Lobo

Que bom, eu tenho inveja de você que pode comer todos os dias coisas que você gosta.

A Menina

Então vem comigo, você só precisa me seguir e eu vou levar você para a casa da minha avó, onde você vai poder comer um pouco alguma coisa comigo e com a minha avó, se você quiser, alguma coisa que você goste eu espero.

O Lobo

Tá legal, então eu aceito.

A Menina

Vai ser legal.

O Lobo

Você sabia que existem dois caminhos que levam até a casa da sua avó?

A Menina

Ah, é?

O Lobo

É.

A Menina

Você sabe onde a minha avó mora?

O Lobo

Sei, claro, a gente pode ir ou pelo pequeno caminho que continua por debaixo das grandes árvores ou ir pelo grande caminho que passa pela estrada onde está cheio de florzinhas brotando na beirada.

A Menina

Eu conheço melhor o grande caminho que passa pela estrada onde tem as florzinhas.

O Lobo

A gente pode fazer uma brincadeira, se você quiser, você vai para a casa da sua avó por um dos caminhos e eu pelo outro, e no fim a gente vai ver qual de nós dois chega antes do outro, você quer?

A Menina

Sim, eu quero.

O Lobo

Então vamos.

A Menina

Qual dos caminhos você escolhe?

O Lobo

Para mim, tanto faz, você pode escolher o que você prefere, é normal, você é que é a menor e que é a mais bonita entre nós dois.

A Menina

Eu acho que eu prefiro ir pelo grande caminho que passa pela estrada, onde tem as florzinhas brotando na beirada.

O Lobo

Então está bem, eu vou pegar o pequeno caminho que continua por debaixo das grandes árvores, e vamos ver qual de nós dois vai chegar primeiro na casa da sua avó.

A Menina

É uma brincadeira bem legal, pode ir.

O Lobo

Está bem, estou indo.

A Menina

Então até daqui há pouco.

A menina e o lobo vão embora cada um para o seu lado.

O Homem que conta

O lobo, porque era realmente um lobo de verdade, este animal que às vezes tem a reputação de ser perigoso, este lobo então, que tinha acabado de conversar com a menina, pegou o pequeno caminho que continua debaixo das grandes árvores, e a menina pegou o grande caminho que passa pela estrada.

E todos os dois iam em direção da casa da avó da menina. E todos os dois, então, deviam andar o mais rápido possível. Para tentar chegar o mais rápido possível na casa da vovó, porque era essa a brincadeira que eles estavam brincando.

A menina estava muito orgulhosa de ter conseguido ter este encontro sem sentir quase nenhum medo. Ela estava admirada. Ela se sentia grande. E pensava que ela nunca mais teria motivo para sentir medo novamente.

Ela estava completamente absorvida pelos seus pensamentos que nem se deu conta que a sua sombra estava de novo ao seu lado. Ela estava muito contente com a surpresa que ela ia fazer para sua avó. Ela estava muito orgulhosa de poder apresentar para a sua avó um lobo de verdade. A sua avó ia ficar sem dúvida muito impressionada e não ia acreditar em vê-la em tal companhia.

Por causa dos seus pensamentos, ao invés de se apressar, a menina se esqueceu de andar rápido. Ao contrário, ela parava por pelo menos um minuto em cada formiga que atravessava a estrada. A menina tinha que acompanhá-la com os olhos, às vezes até o seu formigueiro, e até mesmo para contar para ela as suas aventuras do dia, sua nova amizade com o lobo e a surpresa que logo ela iria fazer para a sua avó.

As formigas adoram ouvir histórias e algumas também falam bastante.

Por causa de tudo isso a menina não chegou primeiro na frente da casa da sua avó.
Porque o lobo não tinha perdido tempo. E ele já estava na frente da porta da casa da vovó.

O lobo estava na frente da porta da casa da vovó, mas não sabia como entrar porque a porta estava trancada. Ele estava ofegante e muito impaciente porque ele estava com fome. Ele estava totalmente faminto porque fazia alguns dias que ele não comia nada, a não ser umas poucas minhocas e umas lesmas.

Mas isso não é muito nutritivo.

A porta da casa da vovó era uma porta enorme, pesada como um armário de ferro, e o lobo, que era magro, não era forte e musculoso o suficiente para abri-la sozinho. Por isso ele começou a pensar. Depois ele bateu.

Na porta.

Uma vez. Duas vezes.

Nenhuma resposta.

Então, ele tentou outra coisa.

Escuro.

Dentro da casa da vovó.

A vovó está deitada.

Ouvimos uma campainha.

A Avó

Será que eu ouvi alguém na porta tocando a campainha?

A voz do Lobo

Sim...vovó.

A Avó

É você minha netinha que está aí e que tocou a campainha?

A voz do Lobo

Sim... sou eu... vovó.

A Avó

É você minha netinha?

A voz do Lobo

Sim... vovó.

A Avó

É você que está com a voz rouca hoje?

A voz do Lobo

Sim, vovó, é que eu estou com gripe, estou com dor de garganta e minha voz ficou rouca.

A Avó

Ah, tá!

A voz do Lobo

Até a mamãe ficou com medo quando eu acordei hoje de manhã.

Um tempo.

A Avó

Então entre, o que você está esperando?

A voz do Lobo

Hoje eu não consigo abrir a porta sozinha... vovó.

Ouvimos a campainha.

A Avó

Pare de apertar a campainha e puxe a cordinha como sempre.

A voz do Lobo

Hoje eu não consigo vovó.

A Avó

Se você puxar a cordinha você vai poder entrar porque a porta não está chaveada, então a porta vai se abrir sem que você precise empurrar com força.

A voz do Lobo

Hoje eu estou muito pequeninha e não consigo alcançar a cordinha.

A Avó

Mas normalmente você não é assim tão pequena.

A voz do Lobo

É, mas hoje, eu não sei como eu estou menor do que nos outros dias.

A Avó

Isso é estranho. Eu estou deitada porque eu estou cansada e eu gostaria de não ter que me levantar para abrir a porta para você.

A voz do Lobo

Será que você pode vir abrir, vovó, por favor?

A Avó

Bom, está bem. Mas só um minutinho.

A voz do Lobo

Está bem, vovó.

A avó se levanta com dificuldade e vai até a porta.

Escuro.

Ouvimos a porta ranger. Alguns minutos depois, a porta está aberta, o lobo está sentado na frente da casa.

A Avó

Entre então. Eu vou me deitar novamente.

O Lobo

Sim, vovó.

A Avó

Eu estou contente em ver você mesmo hoje, eu não vendo grande coisa por causa dos meus olhos, eu tenho que admitir.

O Lobo

Você não está me vendo?

A Avó

Só um pouquinho, minha vista está cada vez pior, na verdade eu não estou reconhecendo você.

O Lobo

Se você não reconhece mais a sua netinha, é melhor você voltar para a cama, vovó, hoje eu vou cuidar de tudo.

A Avó

Ah, muito obrigada.

O Lobo

De nada, vovó.

A Avó

Você é um amor. Você está com fome?

O Lobo

Estou, vovó.

A Avó

Então, é só você se servir, pode comer o que você quiser é a vovó que está dizendo.

O Lobo

Obrigada vovó.

A vovó vai se deitar. Aproveitando que a vovó está de costas, o lobo pula sobre ela e a devora.

Escuro.

A voz do Homem que conta

E foi assim que o lobo comeu com muito apetite a avó da menina.

Esperando que esta também chegue e sua vez também.

Vemos a menina batendo na porta na frente da casa da vovó.

Escuro.

Alguns minutos depois a menina já dentro. O lobo está deitado na cama da vovó escondido sob os lençóis.

A Menina *(assustada)*

Eu posso, eu queria te dizer que a sua casa não está cheirando muito bem, vovó, está com cheiro de fechado, você devia abrir mais vezes a porta quando está sol lá fora, o ar está muito melhor lá fora.

O Lobo *(sempre debaixo dos lençóis)*

Sim, é verdade, mas venha aqui, eu quero muito um abraço seu, nós estamos tão bem aqui nós duas.

A Menina

Sim, é verdade, mas primeiro eu vou deixar meu pudim, é um pudim que eu fiz para você, sabe, porque a minha mãe mandou.

O Lobo

Ah, é?!

A Menina

Eu vou me sentar um pouquinho aqui nesse banquinho então.

O Lobo

Parece que você não quer ficar perto da sua avó.

A Menina

Não, é só que eu estou um pouco cansada, daí eu estou apenas dando uma descansadinha por causa das minhas pernas que andaram muito para chegar até aqui.

O Lobo

Você pode descansar mais as suas pernas se você deitar aqui do meu lado na cama.

A Menina

Foi a mamãe que me pediu para fazer o pudim para você, eu espero que você coma e que você goste, minha mãe não achava que eu fosse capaz de fazer um pudim sozinha, ela acha que eu ainda sou muito pequena e no fundo eu acho que ela ainda não me acha capaz de ter responsabilidades na vida, as mães são sempre assim, não?! É difícil!

O Lobo *(impaciente)*

É, venha mais pertinho de mim.

A Menina *(cada vez mais assustada)*

Minha mãe e eu, a gente se dá bem, mas às vezes, é verdade, eu não suporto ela, ela se preocupa com tudo, daí ela fica realmente chata, ela acha que eu sou uma criança.

O Lobo *(cada vez mais impaciente)*

Nós, as mães, a gente se preocupa demais, é verdade, venha aqui mais perto de mim.

A Menina

Quando ela era menina também e que você já era sua mãe, você também se preocupava quando ela saía de casa?

O LOBO *(nervoso)*

Sim, agora venha aqui.

A Menina

Quando eu for grande eu não vou me preocupar por bobagens.

O Lobo

Venha aqui.

A Menina

Você quer que eu me sente na cama ao seu lado?

O Lobo

Sim, porque senão eu acho que eu vou dormir de tão cansada que eu estou e eu não vou ter visto você de tão longe que você está.

A MENINA

Está bem.

(a menina se levanta, mas não se move)

O LOBO *(cada vez mais nervoso)*

O que foi?

A MENINA

Eu estou pensando na minha mãe.

O LOBO

Não acredito!

A MENINA

Você fica com a voz esquisita vovó quando você fica brava.

O LOBO

Ah, eu sei, eu colocava medo na sua mãe quando ela era pequena como você.

A MENINA

A mamãe também às vezes me coloca medo.

O LOBO

Venha aqui.

A MENINA

Eu gosto da minha mãe e eu fico triste quando eu não vejo ela.

O LOBO

Venha logo.

A Menina

Está bem, já vou. Você quer que eu dê um pouco de pudim para você?

O Lobo

Não, eu só quero você.

A Menina

Você nem parece ser a mesma vovó que eu conheço.

O Lobo

A gente muda com o tempo, venha.

A Menina

Eu também mudei.

O Lobo

Sim, agora você já está bem grande, venha.

A Menina

É que o lobo que devia estar aqui não chega nunca, e ele me disse que ele viria.

O Lobo

Deixa esse lobo pra lá, por favor.

A Menina

Mas eu estou um pouco intrigada com isso.

O Lobo

Venha aqui.

A Menina

Está bem, estou indo.

O Lobo

Eu não posso mais me levantar.

A Menina

Eu não gosto de ver você assim tão cansada e tão velhinha vovó.

O Lobo

Um dia, todos nós ficamos velhos.

A Menina

Não, eu só vou ser uma mulher jovem e bela, só isso.

O Lobo

Venha.

A Menina

Eu estou aqui, vou me sentar ao seu lado.

A menina senta ao lado do lobo. Ela está aterrorizada.

O Lobo

Assim está melhor.

A Menina

É.

O Lobo

Se você estiver com calor você pode tirar o casaco.

A Menina

Não, eu estou com um pouco de frio.

O Lobo

Então venha debaixo da coberta.

A Menina

Eu estou bem assim.

O Lobo

Deite-se, você vai ficar ainda melhor.

A Menina

Eu acho que ouvi um barulho lá fora.

Ela se levanta.

O Lobo

É apenas o vento.

A Menina

Você tem pelos por todo o corpo.

O Lobo

Você está exagerando.

A Menina

Eu estou triste.

O Lobo

Por quê?

A Menina

Eu estou com saudades da minha mãe.

O Lobo

Venha aqui, eu vou te abraçar.

A Menina

Agora eu estou com um pouco de calor, eu vou só me sentar.

A menina senta novamente.

O Lobo

Encosta sua cabeça aqui em mim.

A Menina

Eu ouço seu coração que bate e uma coisa que ronca também lá dentro.

O Lobo

É o trovão lá de fora que você está ouvindo porque vai dar uma trovoada.

A Menina

Eu não gosto de trovoada.

O Lobo

Eu te protejo.

A Menina

Eu tenho ainda mais medo quando estou do seu lado.

O Lobo

É só impressão.

A Menina

Eu quero voltar pra casa.

O Lobo

Entre debaixo da coberta.

A Menina

Eu estou ouvindo os trovões cada vez mais.

O Lobo

É só porque eu estou com fome.

A Menina

É isso que faz trovejar lá fora porque você está com fome?

O Lobo

É.

A Menina

E o que você gostaria de comer?

O Lobo

Você, minha netinha.

A Menina

Eu não estou com muita vontade.

O Lobo

Não são as crianças que decidem.

A Menina

Só os monstros realmente terríveis comem as crianças.

O Lobo

Eu só tenho fome.

A Menina

Eu não tenho medo de você.

O Lobo

Eu vou comer você mesmo assim.

A Menina

Então pode me comer, mas se você vai me comer é porque você não é a minha avó.

O Lobo

Tanto faz.

A Menina

Meu pudim é muito melhor.

O Lobo

Agora fique quieta.

A Menina

Não, nunca, porque senão eu acho que eu vou ter medo de verdade.

O Lobo pula em cima da menina e a devora.

Escuro.

O HOMEM QUE CONTA

E depois de dizer isso, o lobo comeu a menina com grande apetite. O que é um pouco triste, mas é a verdade.

Enquanto isso, a mãe esperava pela menina e começava a se perguntar o que será que estava acontecendo.

O lobo, muito cheio com a vovó e a menina, decidiu ir dormir no fundo da floresta por uns dias pelo menos para digerir esse exagero.

No caminho, ele encontrou um homem que achou que ele estava tão gordo e tão lento que o homem decidiu bater nele para abrir sua barriga e ver o que ele bem podia encontrar lá dentro.

Por sorte, a vovó e a menina ainda não estavam mortas e assim elas foram salvas.

A menina saiu primeiro de dentro da barriga e ajudou a sua avó a fazer o mesmo.

A vovó estava um pouco acabada, assim como o lobo e levou tempo para se recuperar dessa aventura.

Hoje a menina se tornou uma mulher como sua mãe e ela se lembra muito bem de toda esta história.

Sua mãe que está velha mora numa casa não muito longe, o que é bem mais prático para elas sempre poderem se ver. Quanto ao lobo, depois que lhe costuraram a barriga e que o deixaram partir na floresta, ele decidiu que nunca mais na vida ia chegar perto das vovós e tampouco das meninas. Uma decisão muito, muito sabia.

O homem que conta vai embora.

Escuro.

Fim.

BIOGRAFIA

Quando minha filhinha Agathe tinha sete anos, eu me dei conta de que ela não se interessava nem um pouco pelo meu trabalho. Eu confesso, fiquei um pouco chateado. Quando eu lhe perguntava se ela queria ir comigo assistir aos ensaios das peças que eu dirigia, ela dizia: — Não, eu não tenho nenhuma vontade. Para piorar as coisas, acontecia frequentemente de eu lhe pedir para não fazer barulho enquanto eu trabalhava. Enquanto isso, ela se entediava, e ela me demonstrava isso.

Então um dia eu decidi que isso não podia continuar assim. Como fazer para que ela se interessasse um pouco pelo que eu fazia? Me veio então, a ideia impositiva de reescrever a história da Chapeuzinho Vermelho. Primeiro porque sempre fui fascinado por este conto, e depois porque falava sobre uma menina e eu tinha certeza que Agathe ia se identificar.

Eu também me lembrei da minha mãe, que me contava uma história quando eu era pequeno, sobre o longo trajeto que ela devia fazer para ir à escola. Ela andava todos os dias mais ou menos 9 km através de um campo deserto. Esta história já me impressionava. E hoje ela me impressiona ainda mais. Eu imagino uma menina com sua pastinha, debaixo da chuva ou na neve, andando pelo caminho, atravessando uma floresta de pinheiros,

enfrentando cachorros soltos. Com este texto, eu quis
reencontrar as emoções desta menina. Eu sei que
esta história é também uma parte da minha história.
Eu sei que este longo caminho que minha mãe fazia,
quase todos os dias da sua infância, marcou sua vida,
impregnou seu caráter, influenciou muitas coisas na sua
existência.

E eu sei que esta história contribuiu para definir o que eu
sou hoje.

EDITORAMOINHOS.COM.BR

Este livro foi composto em tipologia Meridien Lt Std
no papel chambril avena para a Editora Moinhos. Era outubro de 2018,
o Brasil passava por um momento complicado em suas eleições democráticas.
No som, Gal Costa cantava músicas de Caetano Veloso.